KIMI NO KARADA GA SHINKARON 3
Copyright©HIROYUKI KURODA / NISUKE SHIMOTANI 1994
Originally published in Japan in 1994 by NOSANGYOSON BUNKA KYOKAI.
Korean translation copyright© 2005 by BadaPublishing Co., Ltd
Korean translation rights arranged through TOHAN CORPORATION, TOKYO and BESTUN KOREA AGENCY, SEOUL.

이 책의 한국어판 저작권은 일본의 토한 코포레이션과 베스툰 코리아 에이전시를 통해
사단법인 농산어촌문화협회와 독점 계약한 바다출판사에 있습니다.
저작권법에 의해 한국 내에서 보호를 받는 저작물이므로 무단전재나 복제, 광전자 매체 수록 등을 금합니다.

차례

1 눈의 기원 사물을 입체적으로 보다 2~5

2 손가락의 기원 어떻게 손으로 물건을 꽉 잡을 수 있게 되었나 6~9

3 지문의 기원 지문이 있다는 것은…… 10~13

4 손톱과 발톱의 기원 평평한 발톱과 갈고리 발톱 14~17

5 이의 기원 어금니로, 앞니로, 송곳니로 18~21

6 손의 기원 걷기 위해서일까? 잡기 위해서일까? 22~25

7 사라진 꼬리의 기원 꼬리는 어디로 사라졌을까? 26~29

영장류의 세계 30~31

어린이를 위한 진화 이야기 3

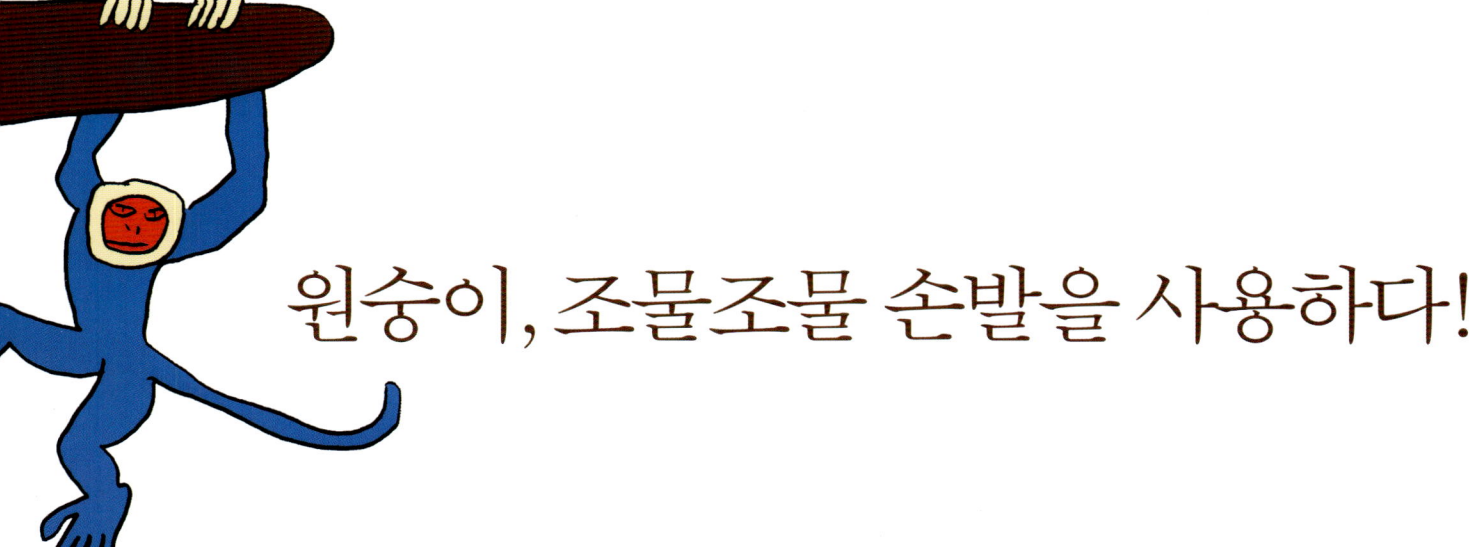

원숭이, 조물조물 손발을 사용하다!

구로다 히로유키 글·그림 | 시모타니 니스케 그림 | 김영주 옮김   바다어린이

우와! 이거 굉장해요!
지금까지 한 번도 본 적이 없는
세계가 보이기 시작하네요.
(도대체, 무엇을 보는 거니?)

1 눈의 기원
사물을 입체적으로 보다

동물마다 두 눈의 거리가 다른 이유는?

한 쪽 눈을 가리고 계단을 내려가 보세요. 발을 헛디뎌 넘어지지 않게 조심해야 해요!
어때요? 한 쪽 눈을 가리면 사물의 길이나 거리를 정확히 파악하기 어렵지요? 사실 우리의 눈은 두 눈으로 봐야 입체적으로 볼 수 있게 만들어져 있어요.

그런데, 동물들은 모두 입체적으로 보길 원할까요? 아니, 그렇지 않아요. 가능한 한 주위를 넓게 보길 원하는 동물도 있어요. 얼룩말의 경우, 눈이 오른쪽과 왼쪽으로 멀리 떨어져 있어서 고개를 뒤로 돌리지 않아도 몸의 뒤쪽까지 볼 수 있대요. 이런 눈은 육식 동물의 습격을 자주 받는 초식 동물에게 많아요. 입체적으로 보기는 어렵지만, 넓게 볼 수 있거든요.

반대로 두 눈의 거리가 가까워 사물과의 거리를 정확하게 파악하는 경우도 있지요. 사자와 치타 같은 동물이 그래요. 이런 동물들은 빠른 속도로 사냥감을 뒤쫓기 때문에 아주 짧은 순간에 상대의 움직임을 파악해 재빨리 방향을 바꿔야만 하지요. 그 때문에 거리감을 착각하지 않도록, 눈을 얼굴 가운데로 모아 눈앞의 사물을 똑똑히 볼 수 있게 했답니다.

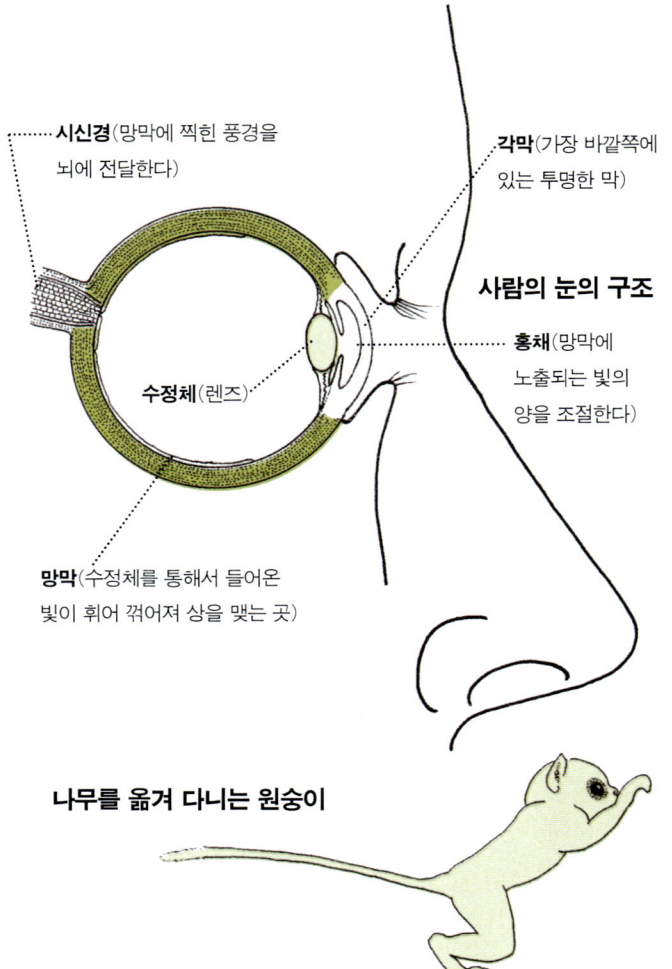

사람의 눈의 구조

- **시신경**(망막에 찍힌 풍경을 뇌에 전달한다)
- **각막**(가장 바깥쪽에 있는 투명한 막)
- **수정체**(렌즈)
- **홍채**(망막에 노출되는 빛의 양을 조절한다)
- **망막**(수정체를 통해서 들어온 빛이 휘어 꺾어져 상을 맺는 곳)

나무를 옮겨 다니는 원숭이

포유류 중 초식 동물의 눈은 얼굴 옆에 붙어 있다

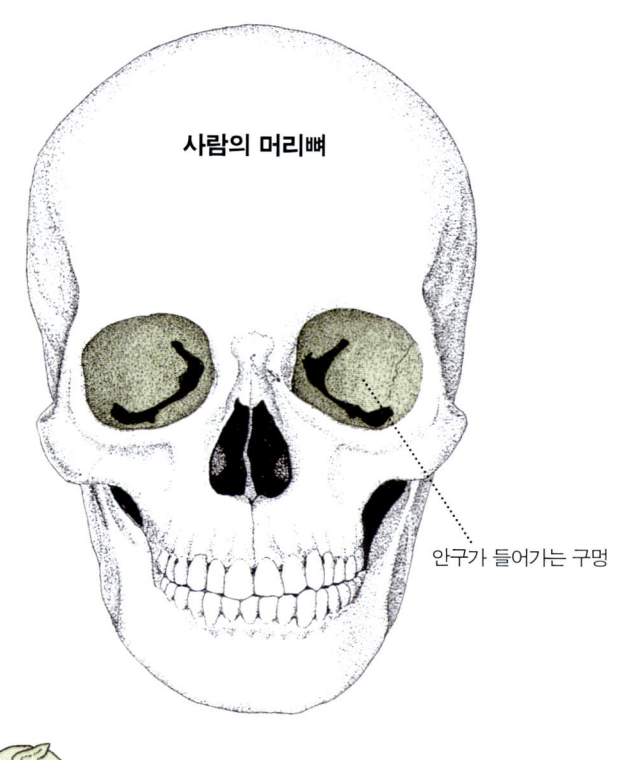

사람의 머리뼈

안구가 들어가는 구멍

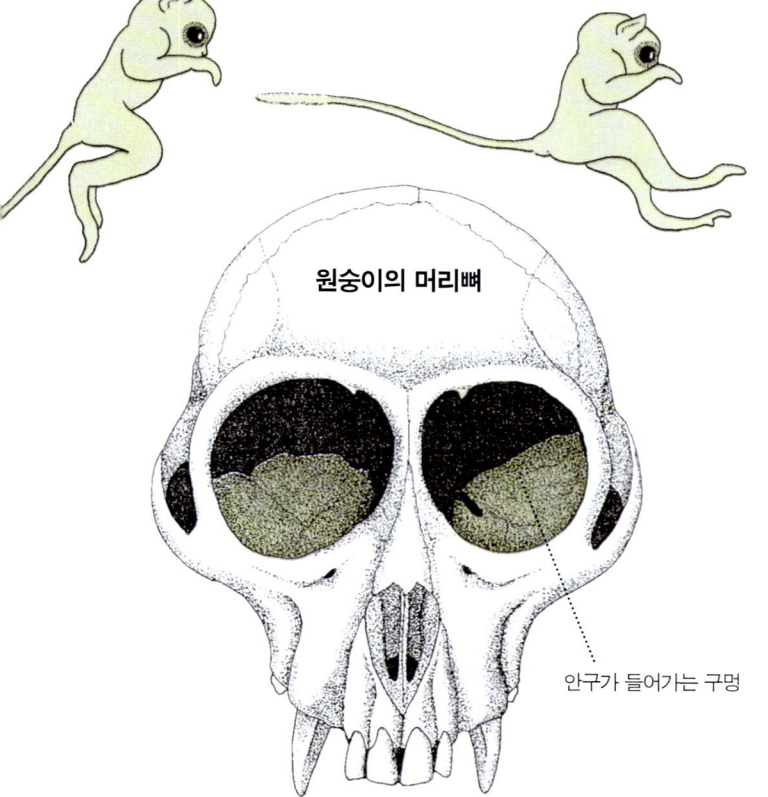

원숭이의 머리뼈

안구가 들어가는 구멍

한가운데로 쏠려 있는 침팬지의 눈

원숭이로부터 물려받은 사람의 눈

사자보다 눈을 한층 더 얼굴 한가운데로 모은 동물도 있어요. 누구일까요? 바로 사람이에요. 사람의 눈은 원숭이로부터 물려받은 것이죠. 대개 나무 위에서 생활하는 원숭이는 이 나뭇가지에서 저 나뭇가지로, 또 이 나무에서 저 나무로 이동하기 때문에 자기가 붙잡을 것과 주변을 입체적으로 볼 수 있는 눈이 필요했어요. 그래서 조금씩 두 눈이 가까이 모이게 되었답니다.

이렇게 해서 우리 눈은 이런 위치로 얼굴에 자리 잡게 되었어요. 사람이 사물을 입체적으로 볼 수 있는 것은 우리가 원숭이였던 시절에 나무 위에서 잘 생활할 수 있도록 변했기 때문입니다.

처음 뵙겠습니다.
아니, 어떻게 된 거죠?

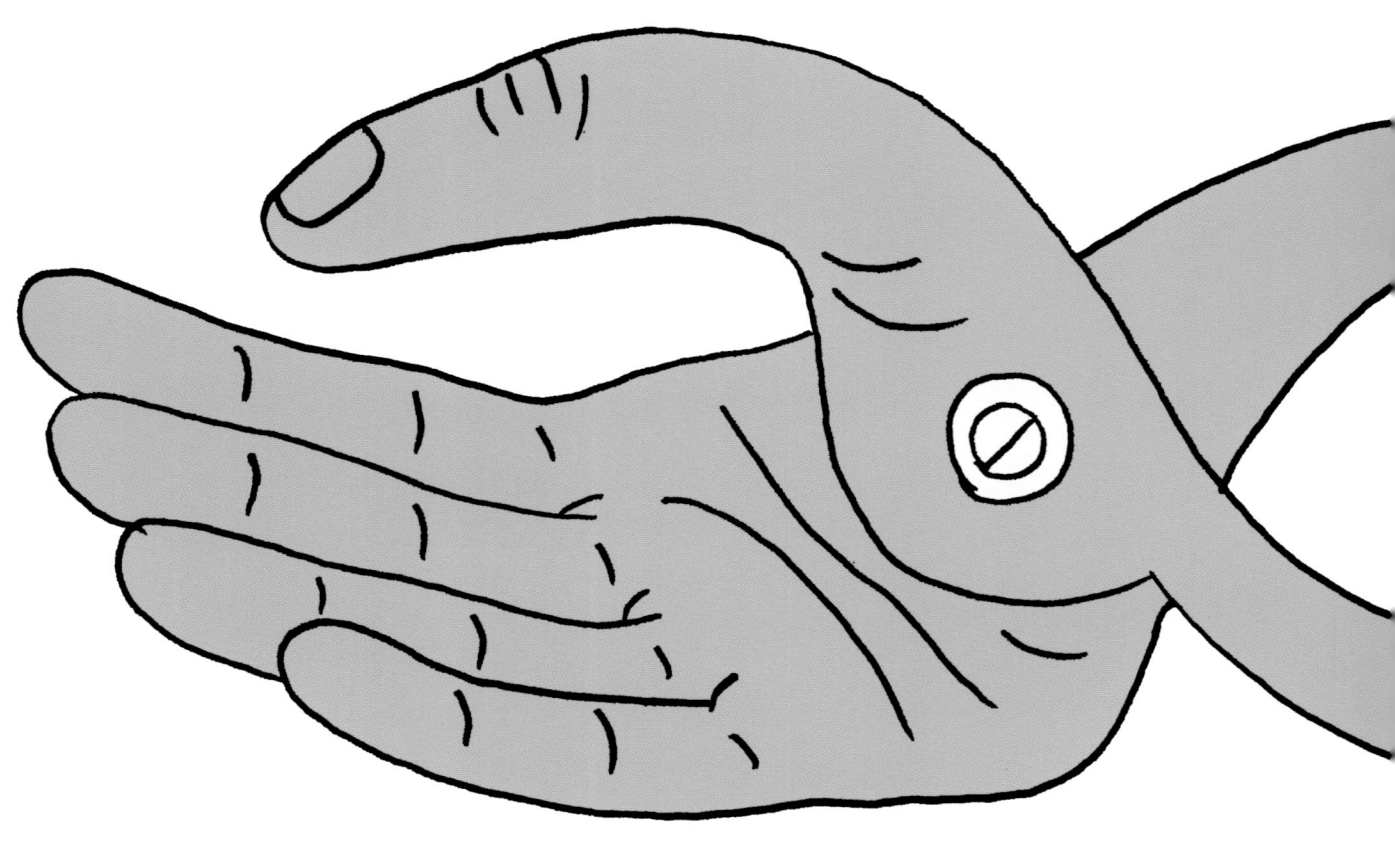

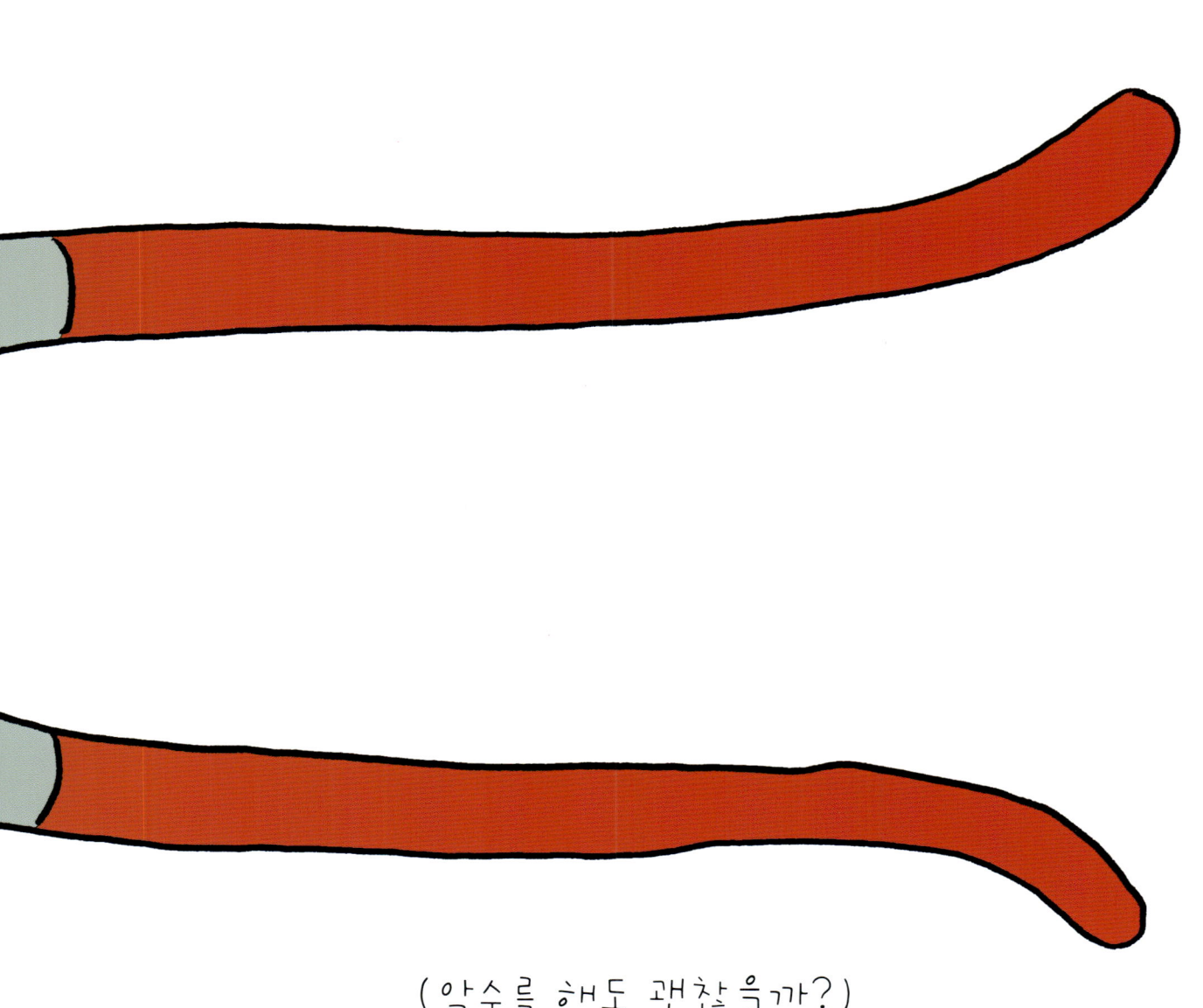

(악수를 해도 괜찮을까?)

2 손가락의 기원
어떻게 손으로 물건을 꽉 잡을 수 있게 되었나?

다른 손가락과 맞댈 수 있는 엄지손가락

사람들은 매일 손으로 물건을 집어요. 또 친근함을 표현하려고 상대의 손을 잡고 악수를 나누기도 하지요. 당연하다고요? 하지만, 생각해 보면 손으로 물건을 잡을 수 있다는 것은 아주 굉장한 일이에요. 모든 동물이 손으로 물건을 잡을 수 있는 것은 아니잖아요.

우리 이번 기회에 손으로 물건을 잡을 수 있는 동물들을 하나씩 헤아려 볼까요? 첫 번째는 물론 우리 사람이죠. 그리고 두 번째는 원숭이, 또……, 곰도 물건을 잡을 수 있을까요? 그럼, 다람쥐는요? 해달은 어떨까요?

모두 두 손으로 물건을 잡을 수는 있지만, 그리 잘 잡지는 못해요. 자세히 살펴보면, 이들은 다섯 개의 손가락이 모두 같은 방향을 향하고 있어요. 예를 들어 보죠. 다섯 개의 손가락을 모두 같은 방향으로 하고, 즉 엄지도 위쪽으로 해서 철봉에 매달려 보세요. 어때요? 무척 불안정하죠? 꽉 잡을 수 없을 거예요. 그러면 엄지를 나머지 손가락과 맞대어 반대쪽에서 잡아 봐요. 어떤가요? 꽉 잡을 수 있지요? 엄지손가락은 엄청난 능력을 가졌군요.

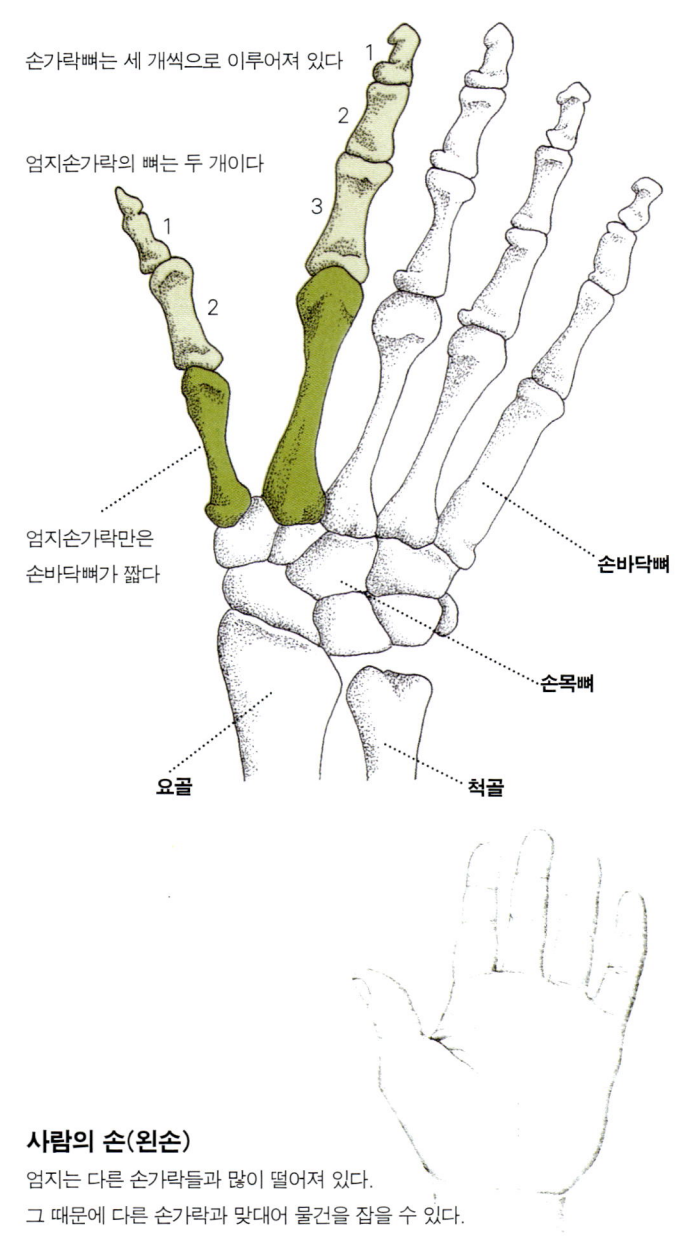

사람의 손뼈(손등 쪽에서 본 오른손)

손가락뼈는 세 개씩으로 이루어져 있다
엄지손가락의 뼈는 두 개이다
엄지손가락만은 손바닥뼈가 짧다
손바닥뼈
손목뼈
요골
척골

사람의 손(왼손)
엄지는 다른 손가락들과 많이 떨어져 있다.
그 때문에 다른 손가락과 맞대어 물건을 잡을 수 있다.

물건을 잡을 수 있는 원숭이의 손가락

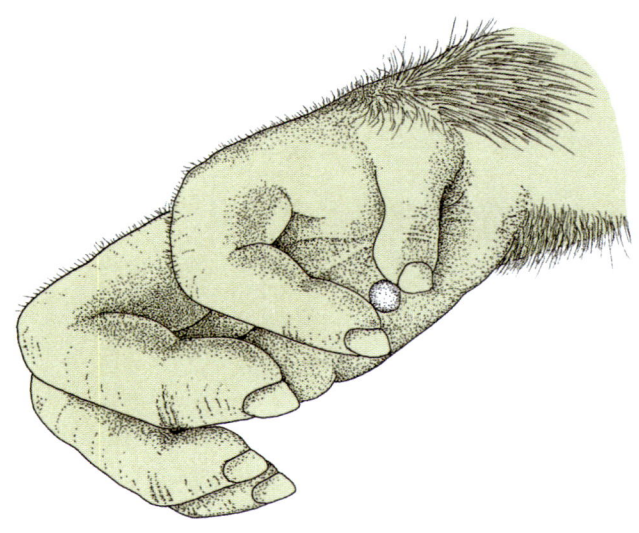

물건을 잡을 수 있는 원숭이의 손

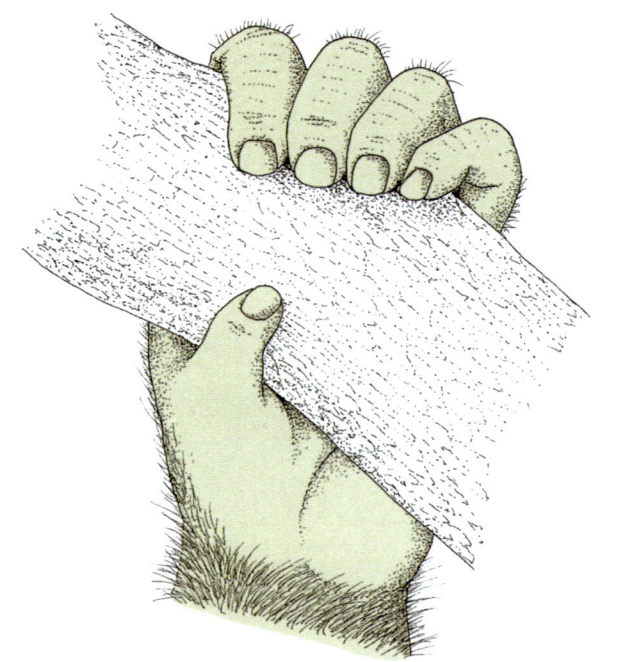

1 사람과 원숭이의 공동의 조상 약 1,800만 년 전 경에 살았을 것으로 추정되는 프로콘술 아프리카누스라는 유인원의 화석이 발견된 적이 있다. 유인원이란 사람과 가장 흡사한 원숭이류이다. 이 유인원 중에서 몇 종류가 약 500만 년 전경에 사람과 가까운 오스트랄로피테쿠스, 침팬지, 고릴라와 같은 현재의 유인원으로 분류되어 진화해 왔다.

원숭이로부터 물려받은 사람의 손

이번에는 사람의 손뼈를 살펴볼까요? 집게손가락(인지), 가운뎃손가락(중지), 약손가락(무명지), 새끼손가락(소지) 등 이 네 개의 손가락은 모두 세 개의 뼈로 이루어져 있어요. 그러나 엄지손가락만은 두 개의 뼈로 구성되어 있지요.

손가락뼈 밑에는 손바닥뼈라고 부르는 다섯 개의 뼈가 나란히 늘어서 있어요. 특별히 엄지손가락과 연결되는 손바닥뼈는 조금 짧답니다. 엄지는 다른 손가락보다 크게 벌어지고, 다른 손가락과 서로 맞댈 수 있는 구조로 되어 있지요. 만일 사람이 이런 손가락을 가지지 못했다면 다양한 도구를 만들어 낼 수 없었을 거예요.

사람에게 이렇게 훌륭한 손을 만들어 준 것은 바로 원숭이예요. 여기서 말하는 원숭이는 지금의 원숭이가 아니랍니다. 원숭이의 조상과 사람의 조상이 같았을 당시의 그 원숭이를 말하는 거예요[1]. 당시의 원숭이는 나무에 오르고, 나뭇가지를 옮겨 다니고, 나무 열매를 줍고, 털을 청소하고, 물건을 꽉 잡을 수 있는 손이 필요했지요. 또 새끼 원숭이는 어미 원숭이의 손을 꽉 붙잡아야 했고요.

사람은 바로 이런 원숭이의 손을 물려받은 거예요.

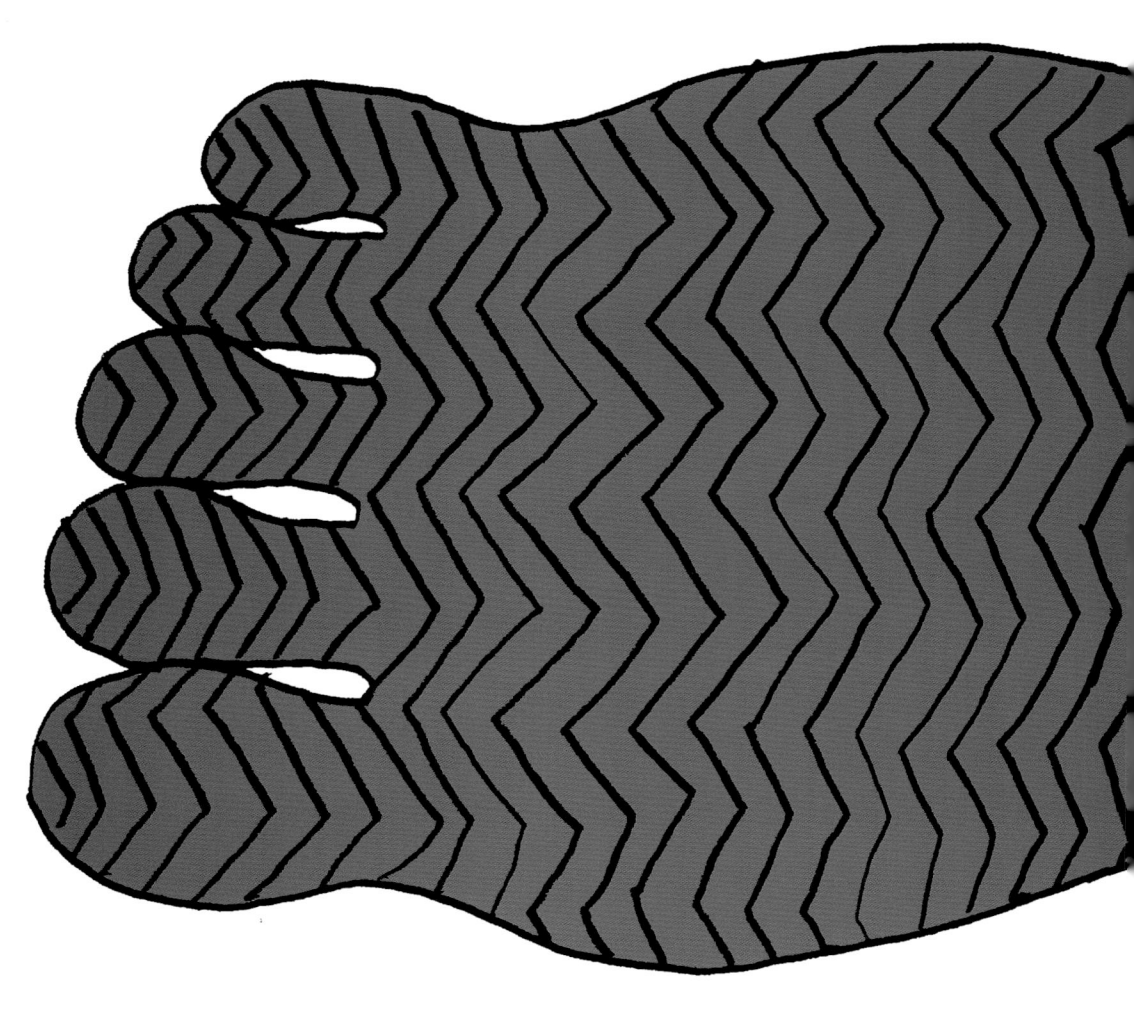

발만 있다면 어떤 곳이라도
올라갈 수 있답니다!

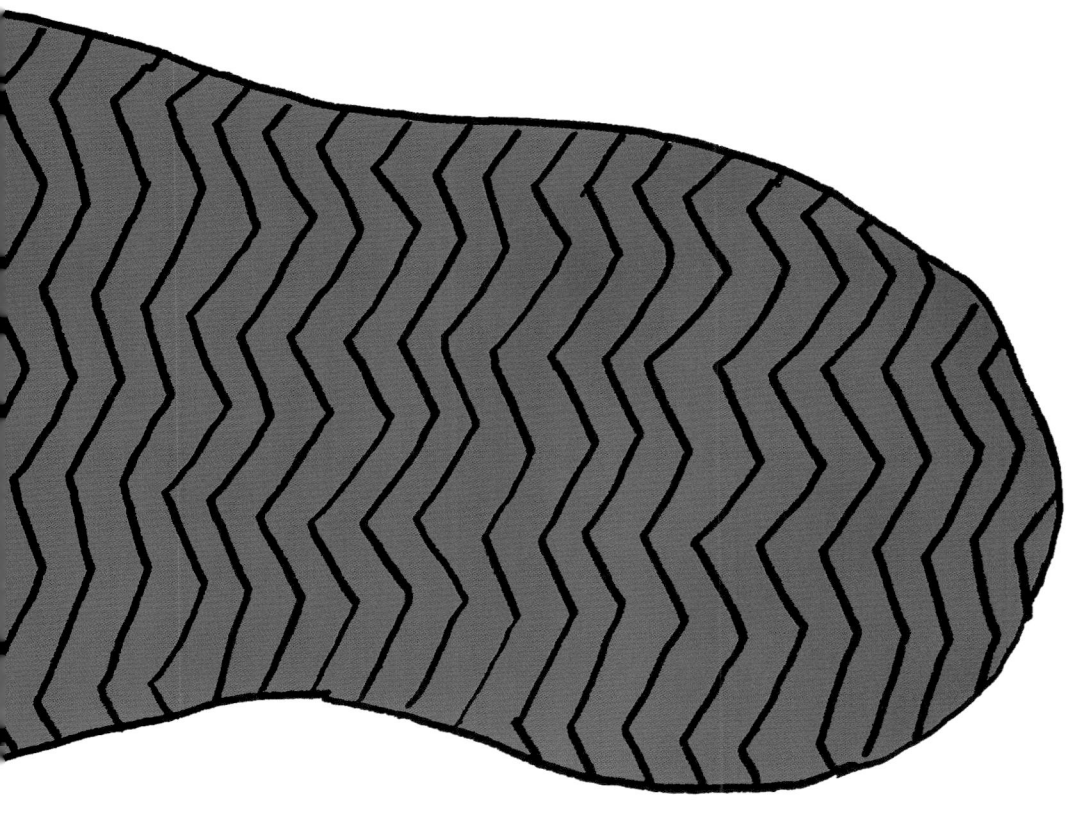

(이야, 꼭 타이어 같네!)

3 지문의 기원
지문이 있다는 것은……

지문은 왜 있는 걸까?

사람의 손가락에 남아 있는 지문은 아주 오래 전에 사람이 원숭이였다는 증거물이죠. 지문을 남기는 동물은 많지 않아요. 마치 추리 소설 같은 이야기지만, 곰에게 쫓기던 사람이 죽었다고 해 봐요. 범인을 찾기 위해 곰의 지문을 찾아 낼 수는 없겠지요. 곰 말고도 사자, 너구리, 하마, 다람쥐, 개미핥기 등도 지문이 없어요.

그런데 왜 원숭이와 사람은 지문을 갖고 있는 것일까요?

만약 지문이 없다면?

사람의 손바닥을 자세히 살펴보면, 손가락 끝뿐만 아니라 손바닥 전체에 가는 줄무늬가 있어요. 이 줄무늬와 지문을 합쳐서 손바닥 지문이라고 하기로 해요.

이 손바닥 지문은 원숭이가 나무 위에서 생활하는 것과 깊은 관계가 있어요. 원숭이 손바닥에 지문이 없다면, 나무를 타다가 손이 미끄러질 거예요. 원숭이가 나무에서 떨어지면 안 되잖아요. 그래서 미끄러운 것을 붙잡아도 잘 미끄러지지 않도록 손바닥에 까칠까칠한 줄무늬를 새겨 놓은 거예요. 자동차 타이어에 나 있는 톱니 모양의 울퉁불퉁한 무늬

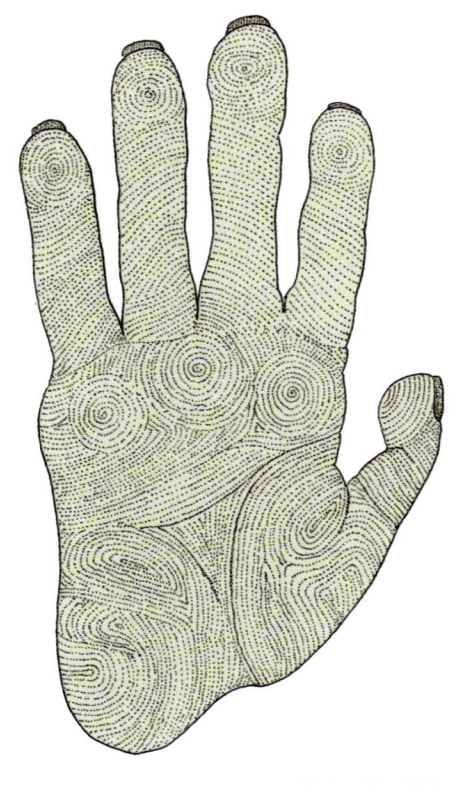

원숭이의 손바닥 지문

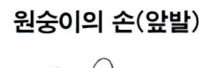

원숭이의 손(앞발) **원숭이의 뒷발**

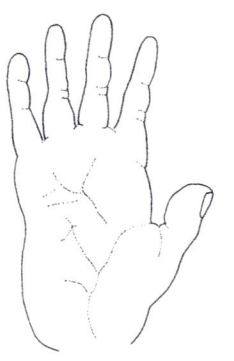
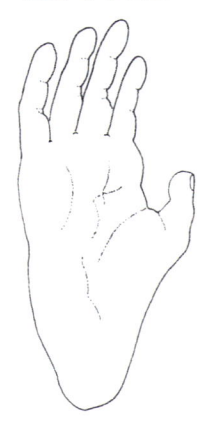

지문은 발바닥에도 있다.
원숭이는 나무에서 이동할 때에 손과 발을 골고루 사용한다.

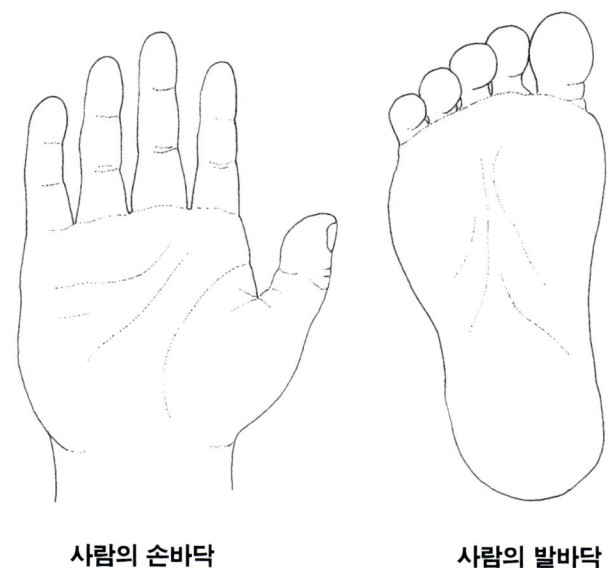

사람의 손바닥 **사람의 발바닥**

사람의 발바닥은 어떨까? 발바닥에도 역시 줄무늬 같은 금이 있다. 사람도 옛날에는 맨발로 걸어 다녔다. 그래서 발바닥에도 미끄러지지 않을 장치가 필요했던 것이다. 마치 자동차의 타이어처럼.

를 본 적이 있죠? 타이어에도 손바닥 지문처럼 울퉁불퉁한 톱니 모양의 줄무늬가 있으면 마찰 작용이 생겨 잘 미끄러지지 않기 때문이에요.

사람의 손에 남아 있는 지문

그런데 사람은 나무에서 생활하지도 않는데 왜 아직 손바닥 지문이 남아 있을까요? 나무에서 살지는 않아도, 물건을 붙잡거나 쥐어야 하는 경우가 원숭이 시절보다 오히려 더 많아졌기 때문이에요. 게다가 사람은 손으로 여러 가지 도구를 만들어 사용하게 되었고요. 여러분은 쇠망치를 어떻게 사용하나요? 손으로 꽉 쥐고 쓰지 않나요? 만일 손바닥에 지문이 없다면, 도구를 잡았을 때 주르르 미끄러지지 않을까요?

원숭이가 나무 위에서 생활하기 위해 만들어 냈던 손바닥 지문이 사람에게는 도구를 만들어 사용하는 데 큰 도움이 되었답니다.

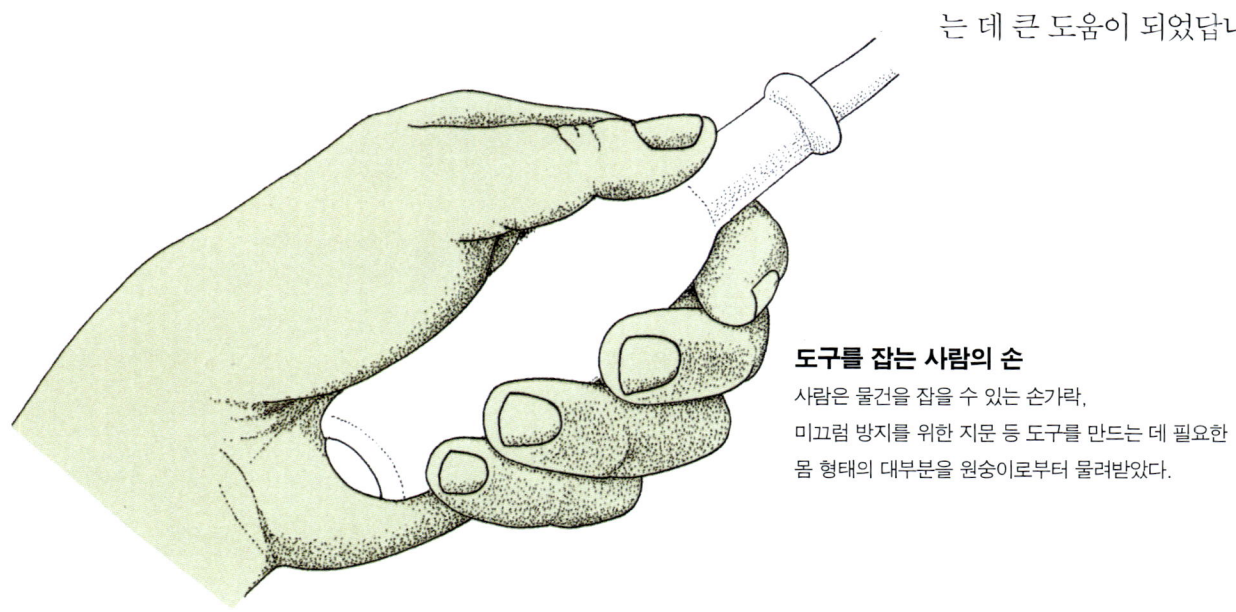

도구를 잡는 사람의 손
사람은 물건을 잡을 수 있는 손가락, 미끄럼 방지를 위한 지문 등 도구를 만드는 데 필요한 몸 형태의 대부분을 원숭이로부터 물려받았다.

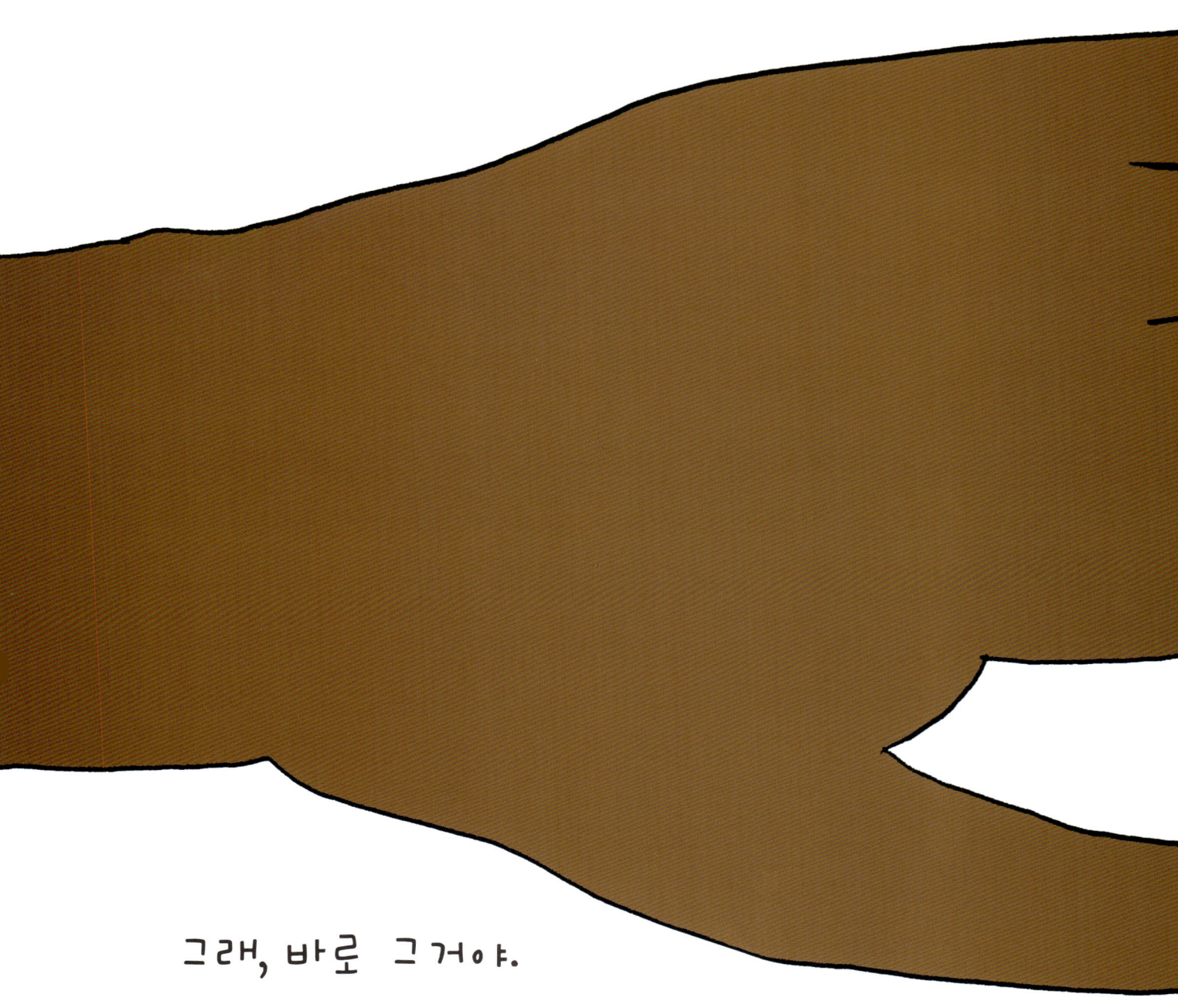

그래, 바로 그거야.
손톱을 너무 세우면 안 돼!
야아! 너 정말 그러고도 원숭이니?

손톱과 발톱의 기원
4 평평한 발톱과 갈고리 발톱

갈고리 발톱과 발굽

"그냥 자라기만 하는 발톱이 도대체 무슨 도움이 된단 말이야?" 귀찮다고 불평하기 전에 만일 손톱, 발톱이 없다면 어떨지 생각해 봐요.

동물들에게는 발톱이 매우 중요한 역할을 해요. 우리 한번 자세히 생각해 볼까요? 만일 사자나 표범에게 발톱이 없다면 어떨까요? 아마 사냥감을 붙잡지 못해 굶어 죽고 말 거예요. 이들의 발톱은 날카롭고 뾰족할 뿐만 아니라 끝부분이 예리하게 굽어 있어, 사냥감을 잡는데 큰 역할을 하니까요. 평소에는 숨기고 있지만, 사냥을 할 때면 굉장한 위력을 발휘한답니다. 사냥감을 짓누르고 피부 속으로 파고들지요. 이런 발톱을 갈고리 발톱이라고 해요. 동물을 먹고 사는 육식 동물은 모두 이 갈고리 발톱을 갖고 있답니다.

식물을 먹고 사는 초식 동물 중에도 갈고리 발톱을 가진 것이 있어요. 다람쥐나 쥐 등으로, 나무 위에서 미끄러지지 않기 위해서지요.

그리고 소와 말, 사슴과 같은 동물도 발톱이 없다면 절대 살아가지 못할 거예요. 소나 말이 발톱이 있었냐고요? 1권의 13쪽에서 설명했었잖아요. 소나 말의 발톱은 발굽이라고 해요. 발굽은 사람의 신발과 같은 역할을 하지요. 이 발굽 덕택으로 먼

갈고리 발톱 (개나 고양이, 곰 등)

발굽(소, 말, 사슴 등)

사람의 평평한 손톱

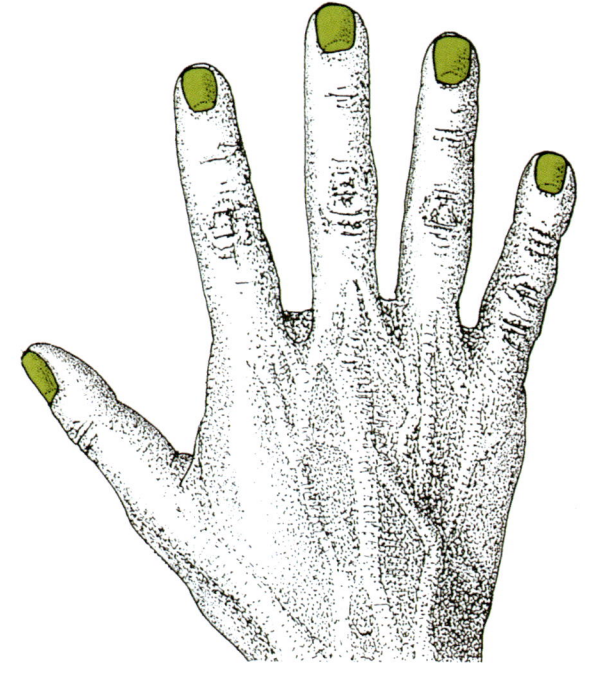

원숭이의 평평한 발톱

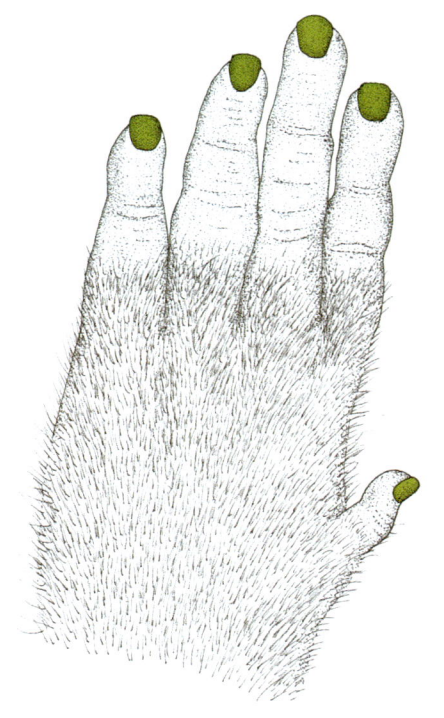

곳까지 달려갈 수 있답니다. 치타는 스피드의 왕이라고 불리지만, 오래 달리지는 못해요. 발바닥이 피부로만 되어 있어 금세 뜨거워지기 때문이지요.

평평한 발톱은 원숭이를 원숭이답게 만들었다

갈고리 발톱이나 발굽은 없어서는 안 될 발톱이에요. 그렇다면 사람의 손톱과 발톱은 어떨까요? 사람의 손톱(발톱)은 평평한 손톱(발톱)이라고 해요. 손톱 역시 사람의 조상인 원숭이가 만들어 낸 것이지요. 갈고리 발톱이나 발굽으로는 물건을 쉽게 잡을 수 없기 때문이에요.

지금도 갈고리 발톱을 갖고 있는 원숭이가 있기는 해요. 원원류[1]로 나뉘는 갈라고나 아이아이원숭이들이지요.

아주 먼 옛날에 원원류와는 다른 진원류[2]로 불리는 무리가 나타났어요. 일본원숭이가 바로 여기에 속하는데, 이들은 모두 평평한 발톱을 갖고 있었어요. 물건을 쉽게 잡을 수 있는 이 평평한 발톱을 사람도 이어받게 된 것이에요.

[1] **원원류** 여우원숭이, 안경원숭이 등의 무리로, 진원류보다 원시적인 원숭이류이다.
[2] **진원류** 일본원숭이, 긴꼬리원숭이, 침팬지, 고릴라, 오랑우탄 등의 원숭이 무리를 말한다.

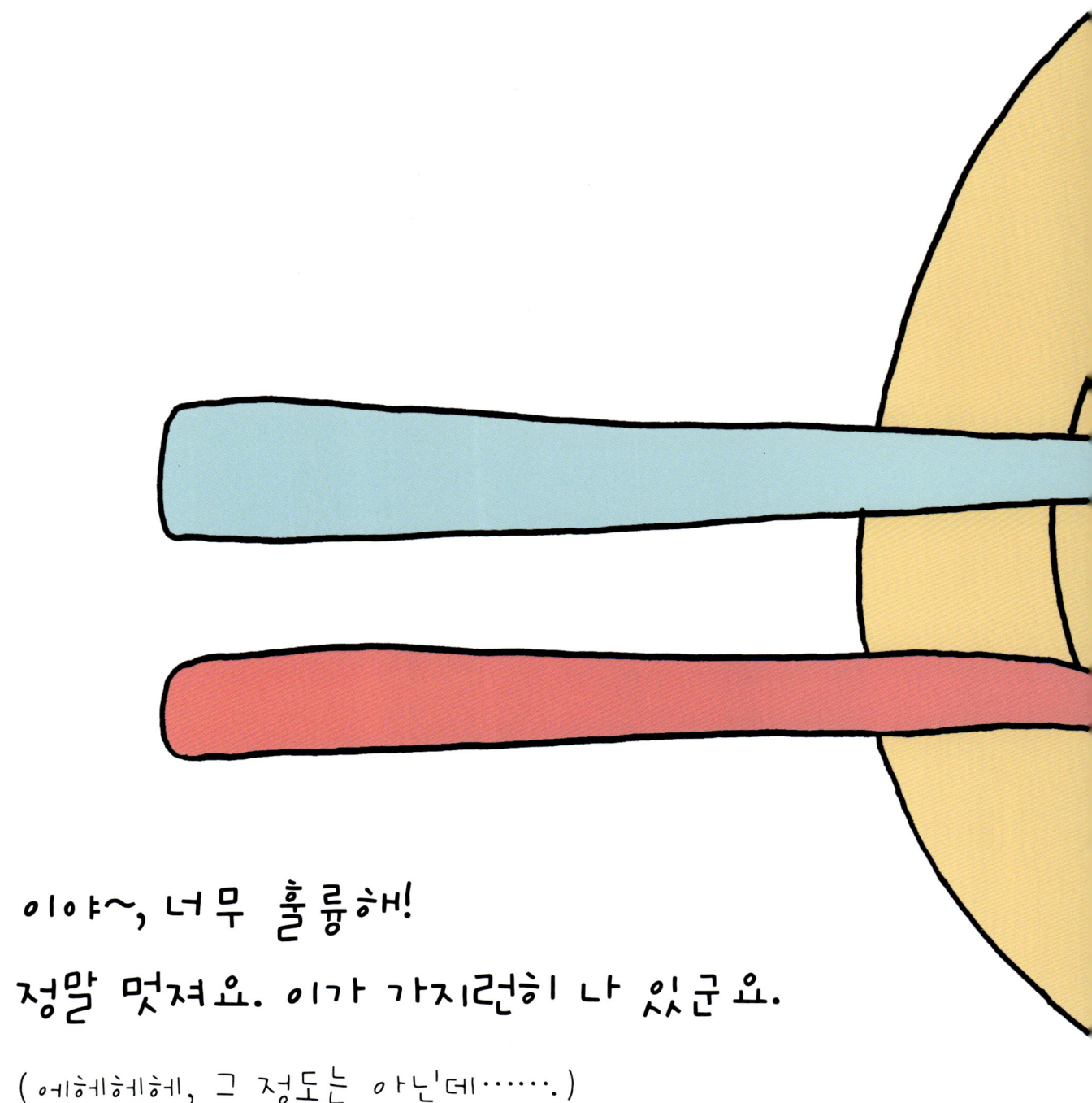

이야~, 너무 훌륭해!
정말 멋져요. 이가 가지런히 나 있군요.
(에헤헤헤, 그 정도는 아닌데…….)

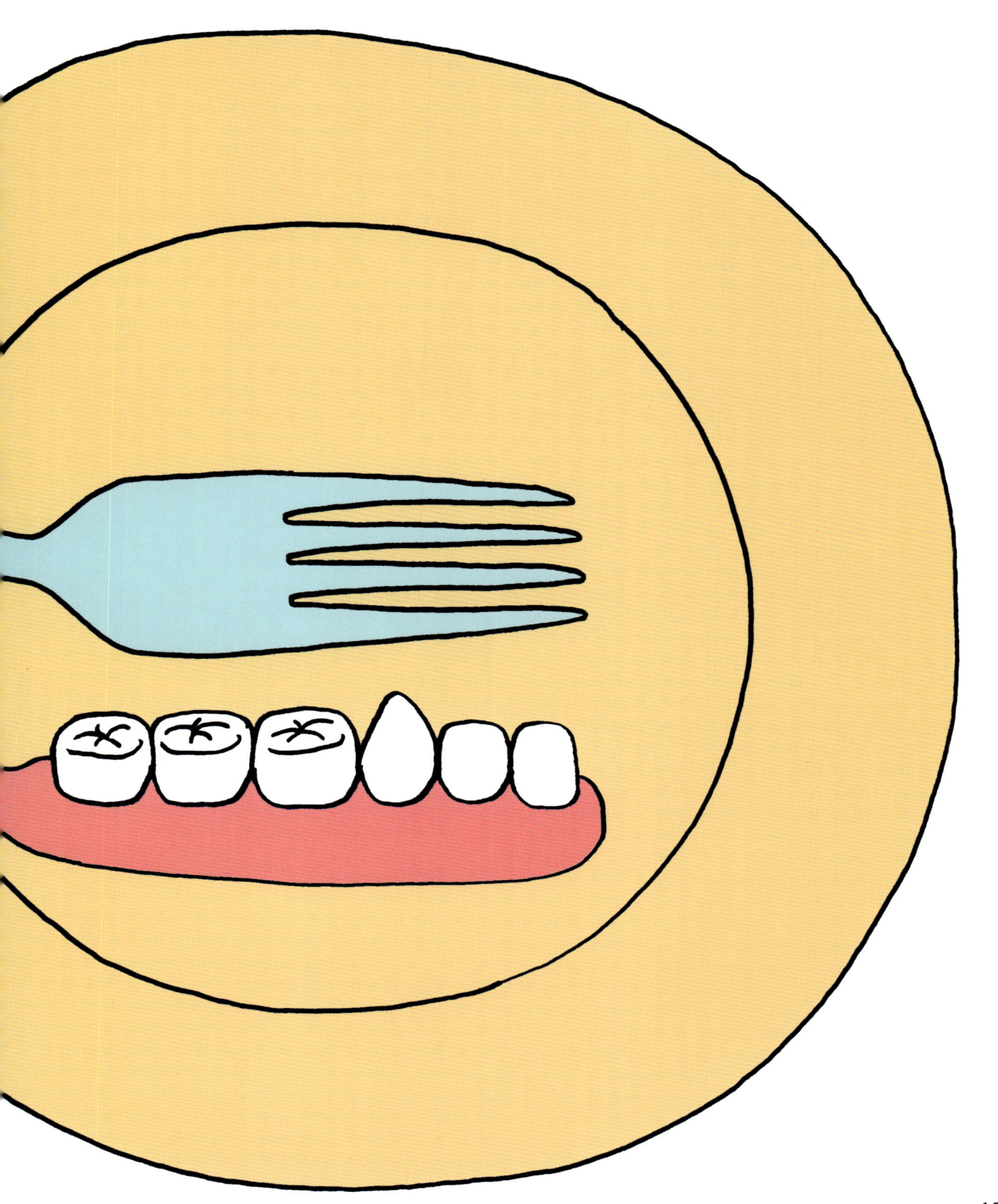

5 어금니로, 앞니로, 송곳니로

이의 기원

어떤 이가 있나?

매일 이를 닦지 않으면 나중에 반드시 후회할 거예요. 우리 입 안에는 어떤 이들이 있는지 알고 있나요? 매일 이를 쓰며 살고 있지만, 이에 대해서 얼마나 알고 있나요? 거울을 한번 가져와 보세요. 입 안을 들여다보면서 살펴보기로 하죠.

입 안에는 앞니, 송곳니, 어금니인 세 종류의 이가 있어요. 맨 앞에 마치 열고 닫는 문처럼 생긴 이가 네 개 있을 거예요. 앞니는 문처럼 생겼다고 해서 문(門)치라고도 해요. 그 옆에 뽀족이 나있는 것이 송곳니예요. 오른쪽과 왼쪽에 한 개씩 있는데, 크기는 사람에 따라 차이가 있지요. 입 안쪽에는 어금니가 있어요. 어금니는 구(臼)치라고도 하는데, 이는 음식을 갈고 부수는 데 적합하게 생겨 붙여진 이름이죠. 어금니에는 앞어금니와 뒷어금니가 있어요.

꼭꼭 씹어야……

음식물은 잘 씹어 먹어야 해요. 왜냐하면 음식물을 잘게 으깨어 침과 잘 섞어야만 음식물 속에 있는 영양분을 우리 몸으로 잘 흡수할 수 있기 때문이지요. 씹는 일은 이 밖에도 중요한 기능이 하나 더 있어요. 그것은 음식물 속에 뒤섞여 있을 수 있는 위험한 물질을 찾아 내는 거예요.

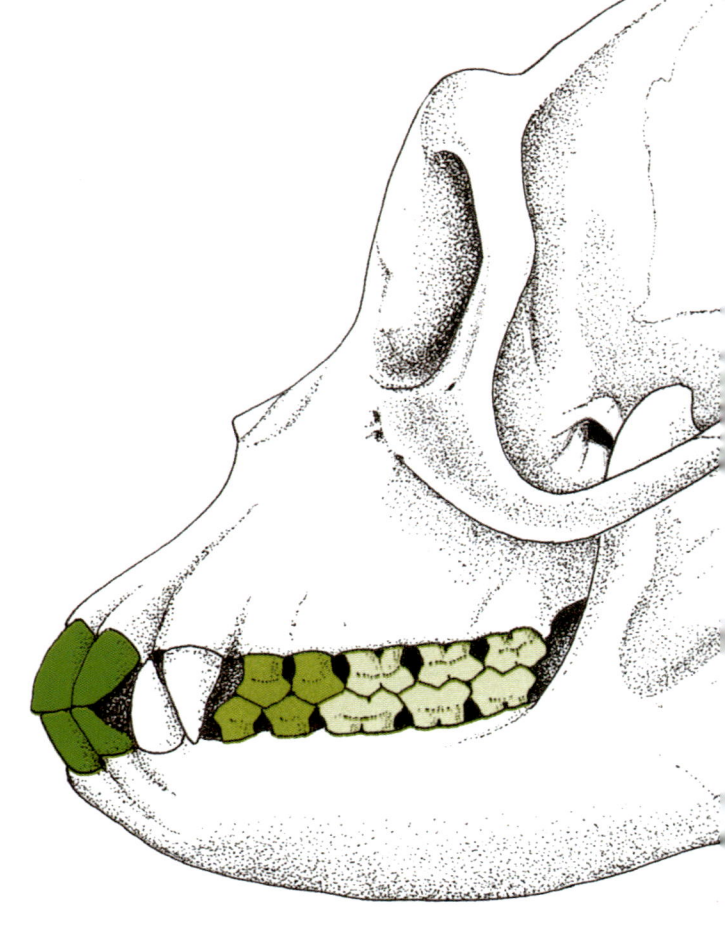

원숭이의 턱뼈와 이

1 **퇴화** 이전에는 갖고 있었지만, 서서히 사라져 가는 것을 '퇴화'라고 말한다. 사람의 꼬리가 없어진 것도 한 예이다. 퇴화는 또 다른 의미의 진화이다.

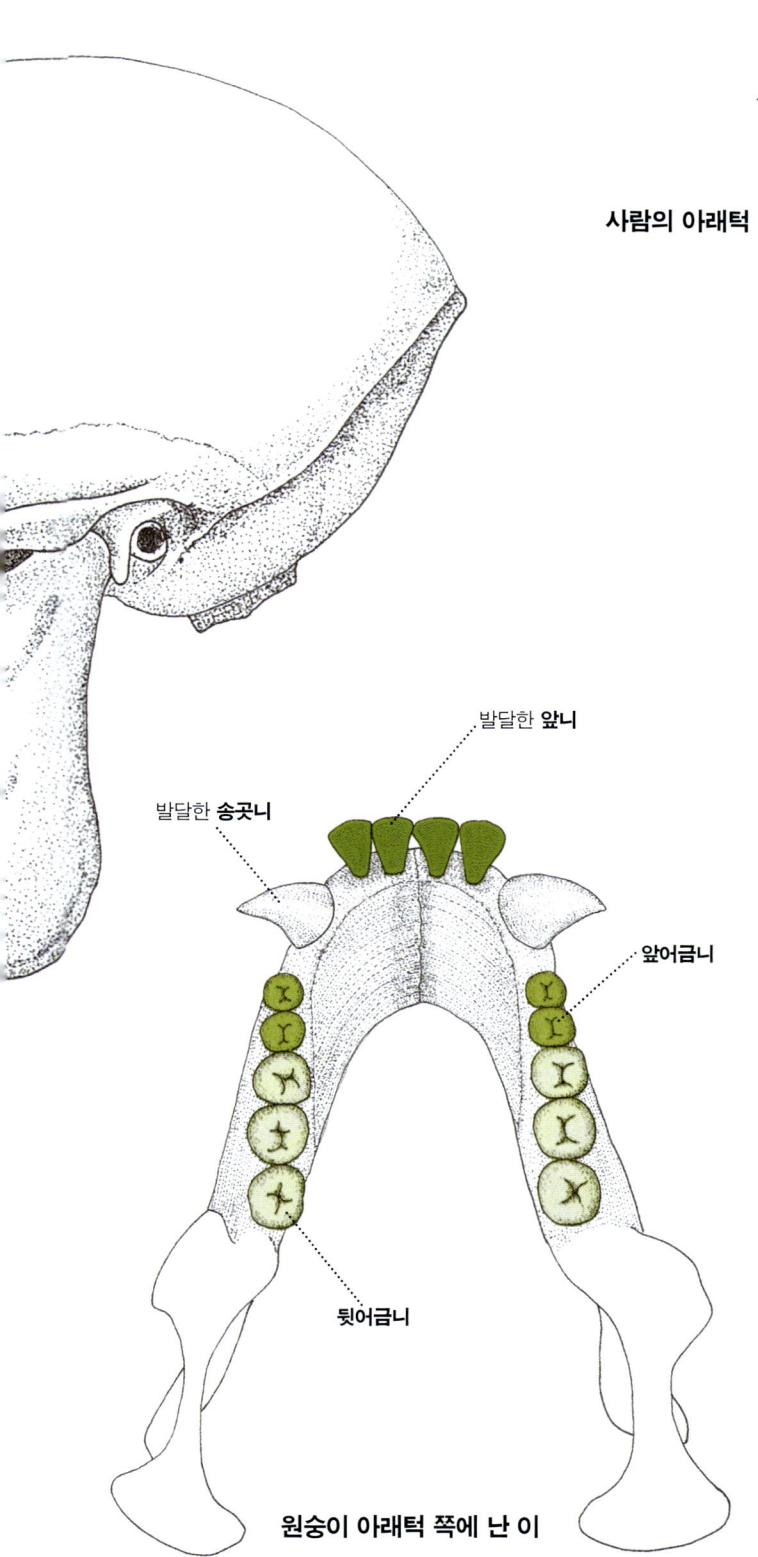

사람은 어금니를 발달시켰다

사람의 이와 똑같은 이를 갖고 있는 동물은 역시 원숭이예요. 사람과 원숭이는 앞니로 먹이를 물어 끊은 뒤에 턱을 위아래로 움직이며 어금니로 갈아서 으깨 먹어요. 이의 수도 사람과 원숭이는 똑같지요. 즉 사람의 이는 아주 오랜 옛날에 지금의 원숭이와 사람의 조상이 같은 몸을 가졌을 무렵에 만들어졌고, 그것을 각각 물려받은 것입니다.

그러나 현재 원숭이들은 앞니와 송곳니를, 사람은 어금니를 발달시켰어요. 이런 변화는 사람은 불과 도구를 사용해 음식물을 작고 부드럽게 만들어 먹기 때문에 앞니나 고기를 물어 끊을 수 있는 송곳니를 사용하지 않게 되었기 때문이라고들 해요.

이와 같이 사용하지 않는 몸의 일부가 차츰 사라져 가는 것도 진화라고 말하지요.[1]

그렇게 나쁜 자세는 아닌 것 같군요.
쓰러질 걱정 없고, 빨리 달릴 수도 있으니…….

(너무 잘난 척하고 있는 건 아니겠지?)

6 걷기 위해서일까? 잡기 위해서일까?
손의 기원

놀라운 사람의 손

만일 손이 발이었다면……? 사람은 지금처럼 새로운 것을 발명하거나 생활에 필요한 물건을 만들지 못했을 거예요. 또한 대뇌가 이렇게 커지지도 않았을 거예요.
그만큼 손은 굉장한 것이랍니다. 손으로 음식물을 먹고, 물건을 주워 그 물건이 무엇인지를 확인해 볼 수 있는 동물이 얼마나 되나요?

앞발을 손으로……

앞발을 손으로 사용하는 동물이라면 다람쥐를 떠올리는 사람이 많을 거예요. 하지만 다람쥐는 언제나 앞발을 손으로 사용하지는 않아요. 입으로 문 먹이가 너무 커서 그것을 잡거나 받칠 때만 앞발을 사용한답니다. 맞아요. 다람쥐의 앞발은 손이 아니라 앞발일 뿐이에요.

다람쥐 말고 앞발을 사용하는 동물이 또 있지요. 바로 원숭이예요. 원숭이는 음식을 먹을 때 앞발을 손으로 쓰지요. 이 책의 9쪽에서 말했듯이, 원숭이는 엄지손가락을 다른 손가락과 맞대서 물건을 집을 수 있어요. 손으로 음식을 집어 입에 넣는 것은 물론이고, 먹으려는 음식에 흙이 묻어 있으면 다른

몸을 세우고 앞발을 손으로 사용하는 침팬지

앞발의 발가락으로 흙장난을 하며 노는 원숭이

손으로 그 흙을 털어 내기도 하지요. 원숭이는 이렇듯 앞발을 손으로 사용한답니다.

손을 사용하게 되면서 대뇌가 커졌다

사람의 엉덩뼈(골반)에는 앉음뼈(좌골)라는 뼈가 있어요. 이 뼈는 최초로 물에서 땅으로 올라온 원시 양서류가 만들어낸 것이죠. 앉음뼈는 이름 그대로 앉을 때 큰 역할을 하는 뼈로, 이것을 처음 사용한 동물은 원숭이예요. 사람과 원숭이는 모두 이 앉음뼈에 의지하지 않고는 앉을 때 몸을 떠받치지 못하지요.

이렇게 원숭이는 앉음뼈로 몸을 받치고 앉게 됨으로써, 비로소 앞발이 없어도 몸의 중심을 잡을 수 있게 되었어요. 덕분에 앞발을 손으로 사용할 수 있게 되었지요. 앞발을 손으로 사용하면서부터 대뇌도 발달했어요. 이는 등뼈로 몸을 꼿꼿이 세우고 손을 자유롭게 쓰는 동작이 대뇌를 자극해 갔기 때문이에요.

이런 과정을 거치면서 원숭이는 포유류 중에서도 대뇌가 가장 발달하게 되었답니다. 현재 우리는 그 옛날 사람의 조상인 원숭이가 만들어 낸 손과 대뇌를 물려받아 사용하고 있는 거지요.

앞발을 이용해 먹이를 입에 넣는 원숭이

새끼를 안고 젖을 먹이는 원숭이

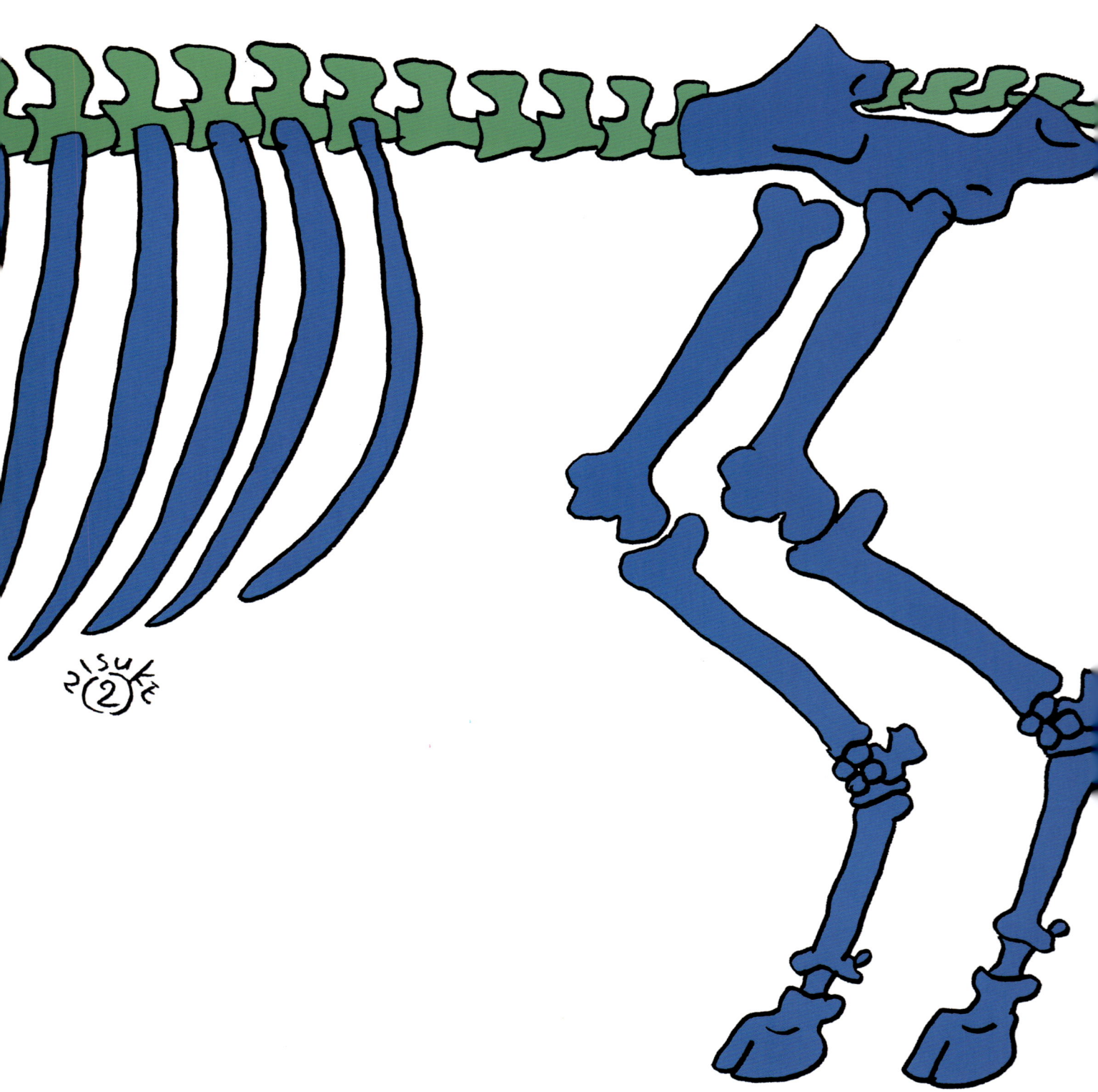

멋을 내려고 꼬리를 축 늘어뜨리고 있는 건가요?
(뭐 그렇게 보일 수도 있겠네!)

7 꼬리는 어디로 사라졌을까?

사라진 꼬리의 기원

사람의 꼬리는 어디로?

등뼈를 가진 동물은 모두 꼬리를 갖고 있어요. 이렇게 말하면, "그럼, 왜 사람에게는 꼬리가 없나요?"라고 묻겠지요.

사실 사람도 꼬리를 갖고 있었답니다. 놀랐나요? 아니면, 이미 알고 있는 사실인가요?

사람의 꼬리는 뼈의 형태로 몸 속에 숨어 있어 지금은 볼 수가 없어요. 하지만 꼬리뼈가 있는 것만은 틀림없는 사실이지요.

꼬리의 다양한 사용법

그런데 동물들은 왜 귀찮게 꼬리를 갖고 있는 걸까요?

사냥감을 뒤쫓아 달리는 치타를 한번 볼까요? 꼬리를 뒤로 쭉 뻗거나, 오른쪽과 왼쪽으로 구부리네요. 몸이 왼쪽으로 기울어지면 꼬리가 오른쪽으로, 반대로 몸이 오른쪽으로 기울어지면 꼬리가 왼쪽으로 구부러져요. 치타는 달릴 때에 꼬리를 사용해서 몸의 균형을 잡는답니다.

한편 캥거루는 무척 강한 근육질의 꼬리를 갖고 있어요. 캥거루도 뛸 때 꼬리를 사용하지만, 치타처럼 몸의 균형을 잡기 위해서가 아니라 몸을 세우기 위해 사용해요. 앞발이 짧은 캥거루는 뒷발만으로

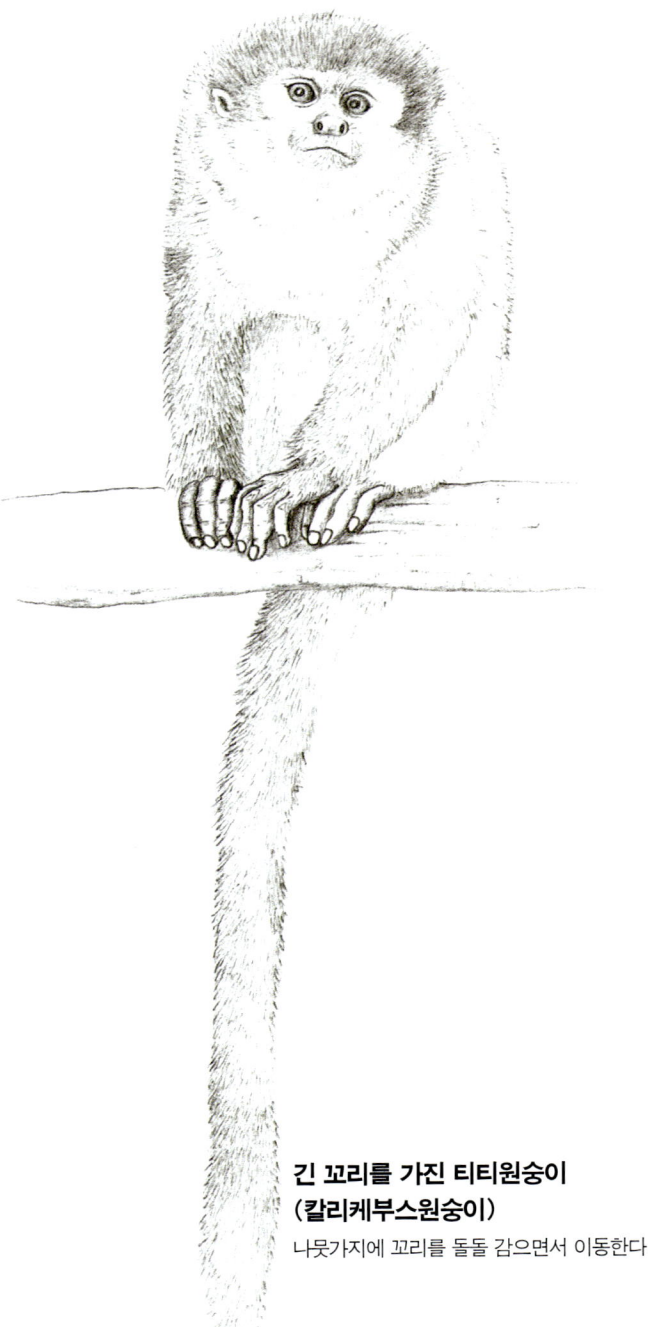

긴 꼬리를 가진 티티원숭이 (칼리케부스원숭이)
나뭇가지에 꼬리를 돌돌 감으면서 이동한다.

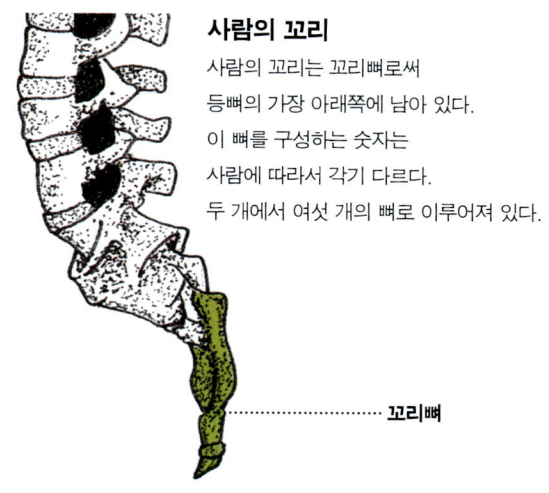

사람의 꼬리

사람의 꼬리는 꼬리뼈로써 등뼈의 가장 아래쪽에 남아 있다. 이 뼈를 구성하는 숫자는 사람에 따라서 각기 다르다. 두 개에서 여섯 개의 뼈로 이루어져 있다.

꼬리뼈

서 있을 때가 많아요. 이 때 늠름한 꼬리가 몸을 떠받치고 있지요.

방해물이 된 꼬리

꼬리는 생물이 물 속을 헤엄칠 때 필요했던 것으로 아주 오래 전에 만들어진 몸의 일부예요. 물고기들은 꼬리로 물 속을 힘차게 헤엄치며 돌아다녔어요. 그러다 물고기가 땅 위로 진출하고 나서는 각 동물들의 형편에 맞게 다양한 기능을 하도록 변화해 갔지요. 이제 꼬리는 몸을 떠받치거나 손과 발의 보조적인 역할을 하기도 해요. 또 어떤 동물에게는 꼬리가 아예 필요 없게 되었지요. 그래서 사슴의 꼬리는 짧아지고, 사람의 꼬리는 몸 속으로 사라지고 만 거예요.

꼬리가 몸 속으로 숨어 버린 동물은 사람만이 아니에요. 고릴라, 침팬지, 오랑우탄, 긴팔원숭이와 같은 유인원, 즉 사람과 가장 가까운 원숭이들도 꼬리를 몸 속에 감추고 있어요. 몸을 세우고 걸을 수 있게 된 유인원에게는 꼬리가 방해물이 되었기 때문이에요.

꼬리가 없는 고릴라

고릴라나 오랑우탄과 같은 유인원은 원숭이류 중에서도 가장 대뇌가 발달한 동물이다. 아프리카의 케냐에서 발굴된 프로콘술이라는 원숭이의 화석은 일반 원숭이와 유인원의 중간쯤 되는 몸을 갖고 있었다. 앞발은 일반 원숭이와 비슷했지만, 대뇌는 큰 편이었다. 1,800만 년 전경에 살았던 것으로 추정되는 이 프로콘술에서 처음으로 꼬리가 사라진 것이 아닐까 하는 추측이 있다.

[영장류의 이모저모]

어린이를 위한 진화 이야기

찾아보세요

무악류
무악류의 머리 - 1권 5쪽
칠성장어 - 1권 4쪽
턱이 없는 동물의 소화관 - 1권 25쪽

어류
물고기의 수정 - 1권 28쪽
실러캔스(총기류) - 1권 9쪽
어류의 소화관 - 1권 25쪽
어류의 심장과 아가미 - 2권 13쪽
원시 어류의 귀 - 2권 8쪽
원시 어류의 머리 - 1권 5쪽
총기류의 지느러미뼈 - 1권 12쪽

양서류
양서류의 귀 - 2권 9쪽
양서류의 뇌 - 2권 5쪽
양서류의 소화관 - 1권 25쪽
양서류의 이 - 2권 17쪽
양서류의 폐 - 1권 21쪽
원시 양서류의 앞발(손)뼈 - 1권 12쪽
원시 양서류의 엉덩뼈(골반) - 1권 17쪽
익티오스테가(원시 양서류) - 1권 9쪽
익티오스테가(원시 양서류)의 골격 - 1권 9쪽

파충류
원시 파충류의 앞발(손)뼈 - 1권 13쪽
파충류의 뇌 - 2권 5쪽
파충류의 소화관 - 1권 25쪽
파충류의 심장과 폐 - 2권 13쪽
파충류의 음경 - 1권 29쪽
파충류의 이 - 2권 17쪽
파충류의 폐 - 1권 21쪽

조류
적색야계 - 5권 25쪽
조류의 총배설강 - 2권 25쪽

포유류
갈고리 발톱 - 3권 16쪽
검은코뿔소의 발자국 - 4권 4쪽
검은코뿔소의 입 - 5권 13쪽
기린의 발자국 - 4권 4쪽
돼지 - 5권 25쪽
돼지의 머리뼈 - 5권 24쪽
말의 발가락뼈 - 1권 13쪽
말의 발뼈 - 4권 5쪽
멧돼지 - 5권 25쪽
멧돼지의 머리뼈 - 5권 24쪽
물소의 발자국 - 4권 4쪽
발굽 - 3권 16쪽
사자의 발자국 - 4권 4쪽
사자의 이 - 2권 17쪽
사자의 입 - 5권 13쪽
소의 이 - 2권 17쪽
얼룩말의 발자국 - 4권 4쪽
젖을 먹는 새끼 사자 - 2권 28쪽
젖을 먹는 아프리카코끼리 - 2권 29쪽
치타의 발자국 - 4권 4쪽
코끼리의 교미 - 1권 29쪽
코끼리의 눈 - 3권 4쪽
포유류의 뇌 - 2권 5쪽
포유류의 소화관 - 1권 25쪽
포유류의 심장과 폐 - 2권 13쪽
포유류의 이 - 2권 17쪽
포유류의 폐 - 1권 21쪽
표범의 발자국 - 4권 4쪽
하마의 발자국 - 4권 4쪽
하이에나의 발자국 - 4권 5쪽

영장류
고릴라의 대둔근 - 4권 17쪽
고릴라의 등뼈 - 4권 21쪽
고릴라의 몸통 - 4권 20쪽
고릴라의 엉덩뼈(골반) - 4권 12쪽
원숭이의 꼬리 - 3권 28쪽
원숭이의 넓적다리뼈(대퇴골) - 4권 13쪽
원숭이의 눈 - 3권 5쪽
원숭이의 머리뼈 - 3권 5쪽, 4권 28쪽
원숭이의 발뼈 - 4권 5쪽, 4권 9쪽
원숭이의 손 - 3권 9쪽, 12쪽, 24쪽, 25쪽
원숭이의 손가락 - 3권 9쪽
원숭이의 손바닥 지문 - 3권 12쪽
원숭이의 손톱 - 3권 17쪽
원숭이의 엄지발가락 - 4권 9쪽
원숭이의 이 - 3권 21쪽
원숭이의 턱뼈 - 3권 20쪽
젖을 먹이는 원숭이 - 3권 25쪽
침팬지의 머리뼈 - 5권 4쪽
침팬지의 입 - 5권 12쪽

사람의 몸
사람의 가시돌기 - 4권 21쪽
사람의 골격 - 1권 16쪽
사람의 꼬리뼈(미골) - 3권 29쪽
사람의 귀 - 2권 8쪽
사람의 근육 - 4권 16쪽
사람의 넓적다리뼈(대퇴골) - 4권 13쪽
사람의 뇌 - 2권 4쪽
사람의 눈 - 3권 4쪽
사람의 대둔근 - 4권 17쪽
사람의 등뼈 - 1권 8쪽
사람의 머리뼈 - 1권 4쪽, 3권 5쪽, 4권 29쪽, 5권 5쪽
사람의 몸통 - 4권 20쪽
사람의 발의 장심 - 4권 9쪽
사람의 발자국 - 4권 4쪽
사람의 발뼈 - 4권 5쪽
사람의 소화관 - 1권 24쪽
사람의 손바닥 - 3권 13쪽
사람의 손뼈 - 3권 8쪽, 4권 24쪽
사람의 손톱 - 3권 17쪽
사람의 심장 - 2권 12쪽
사람의 어깨뼈(견갑골) - 4권 24쪽
사람의 엄지발가락뼈 - 4권 8쪽
사람의 엉덩뼈(골반) - 1권 17쪽, 4권 12쪽
사람의 유방 - 2권 28쪽
사람의 유상돌기 - 4권 29쪽
사람의 음경 - 1권 28쪽
사람의 이 - 2권 16쪽, 3권 21쪽
사람의 입 - 5권 12쪽
사람의 태반 - 2권 21쪽
사람의 팔뼈 - 4권 25쪽
사람의 폐 - 1권 20쪽
사람의 호흡 기관 - 1권 20쪽
아기 - 2권 20쪽, 2권 24쪽

사람의 조상
다양한 모양의 석기 - 5권 9쪽
불에 구워서 만든 토기 - 5권 17쪽
불을 피우는 도구 - 5권 16쪽, 17쪽
불을 피우는 사람 - 5권 16쪽
오스트랄로피테쿠스의 골반 - 4권 12쪽
오스트랄로피테쿠스의 머리뼈 - 5권 4쪽
호모 에렉투스의 머리뼈 - 5권 8쪽
호모 하빌리스의 머리뼈 - 5권 8쪽
호모 하빌리스의 손뼈 - 5권 9쪽

식물
개밀 - 5권 20쪽
농장물 밀 - 5권 21쪽
농작물 벼 - 5권 21쪽
농작물 벼의 꽃 - 5권 21쪽
야생 벼 - 5권 20쪽
야생 벼의 꽃 - 5권 21쪽

저자 후기

학부모님과 선생님들께

원숭이는 주변에 있는 동물원에서도 얼마든지 볼 수 있기 때문에, 아이들은 원숭이를 사람과 친한 동물이라고 생각합니다. 그런데 의외로 원숭이에 대해서 아는 것은 많지 않아요. 우리는 원숭이를 영장류라고 부르지만, 영장류란 단어 역시 아이들에게는 어렵고 생소한 말입니다.

아이들에게 "원숭이가 나무 위에서 생활하면서 우리에게 남겨 준 것은 무엇일까요?"라고 질문해 보세요. 아이들은 대부분 대답을 못하고 허둥댈 것입니다.

우리의 머리와 손에는 원숭이가 인간에게 물려 준 것들을 찾아볼 수 있는 흔적들이 많이 남아 있습니다. 재미있는 일이죠. 영장류로서의 사람의 몸을 아는 것은 대단히 중요합니다. 이런 생각을 갖고 이 책을 썼습니다.

저자 소개

구로다 히로유키(黑田弘行) 글 · 그림
도쿄 가쿠게이(學藝) 대학교 졸업. 초등학교 교사를 거쳐, 아프리카코끼리 국제보호기금(AEF) 본부에서 활동했다.
저서로는 『아프리카의 동물들』, 『몸의 역사』, 『성의 역사』, 『식물의 역사』, 『인간은 어디서 왔을까』, 『풍요로운 자연을 지키자』 등이 있다.

시모타니 니스케(下谷二助) 그림
90년 고단샤 출판 문화상 수상.
91년 일본 일러스트레이션 작가상 수상
92년 개인전 '니스케는 무엇을 생각하고 있는가'
93년 쥐 잡는 기계 설계도 전.
세계의 잡화를 수집하기도 한다.
『내 아이 생각을 바꾸는 책 – 환경과 철학(전 5권)』의 그림을 그렸다.

김영주 옮김
이화여대 신문방송학과를 졸업하고 일본 도쿄대학 대학원에서 수학하였으며 현재는 전문 번역가로 활동하고 있다. 그 동안 옮긴 어린이 책으로는 『지구가 100센티미터의 공이라면』, 『세 개의 오렌지』, 『바다토끼』 등이 있다.

어린이를 위한 진화 이야기3
원숭이, 조물조물 손발을 사용하다!

글 쓰고 그린이 구로다 히로유키 | **그린이** 시모타니 니스케 | **옮긴이** 김영주 | **초판 1쇄 발행** 2005년 5월 23일
책임편집 이경미 | **디자인** 이수경·신형애 | **마케팅** 구본산·노현승 | **펴낸곳** 바다출판사 | **펴낸이** 김인호
출판등록일 1996년 5월 8일 | **등록번호** 제10-1288호
주소 서울시 마포구 서교동 403-21 서홍빌딩 4층 | **전화** 322-3885(편집부), 322-3575(마케팅부), 322-3858(팩스)
E-mail badabooks@dreamwiz.com
ISBN 89-5561-241-9(세트) 89-5561-244-3 74400